Flans

sucrés & salés

Martine Lizambard

Photographies Valéry Guedes

Stylisme Natacha Arnoult

SOLAR
EDITIONS

Si vous souhaitez recevoir notre catalogue et être tenu au courant de nos publications, envoyez-nous vos nom et adresse, en citant ce livre et en précisant les domaines qui vous intéressent.

Éditions SOLAR
12, avenue d'Italie
75013 Paris

Internet : www.solar.fr

Direction littéraire : Corinne Cesano
Édition : Delphine Depras
Responsable artistique : Vu Thi
Graphisme : Julia Philipps
Collaboration éditoriale : Gaël Javré
Mise en pages : Chantal Guézet
Fabrication : Laurence Ledru
Photogravure : APS/Chromostyle

ISBN : 978-2-263-04930-9

Code éditeur : S04930/02

Dépôt légal : avril 2010

Imprimé en France par Pollina - L55397

Suite du premier tirage

Sommaire

Introduction

Le mélange de crème et d'œufs, qui rend certaines tartes si moelleuses, comme celles aux pommes d'Alsace et de Normandie ou la quiche lorraine, n'a pas toujours besoin d'un fond de pâte. On cuit cet appareil aussi simplement dans des ramequins, des moules à pâtisserie traditionnels ou, à la manière d'un clafoutis, dans un joli plat à four à apporter directement sur la table pour s'éviter le stress du démoulage !

Fruits et légumes, poissons ou fruits de mer, herbes et épices se prêtent parfaitement à cette préparation salée ou sucrée, à la fois simple et délicate, qui accompagne à merveille tous les moments d'un repas.

Dès l'apéritif, ou en amuse-bouches, préparez de tout petits flans dans les alvéoles d'une plaque en silicone. En entrée, associez la crème et les œufs aux coquillages ou aux crustacés. Accompagnez viandes et poissons d'un petit flan de champignons ou de poireaux. L'été, sur la terrasse, partagez simplement un flan rustique et une grande salade.

À l'improviste, préparer un flan ne réclame que quelques instants : battre les œufs, délayer, incorporer un ingrédient tout prêt, enfourner… et le tour est joué ! Mais, au gré de vos envies et de votre créativité, vous en ferez le meilleur et le plus délicat des plats.

Flans aux épinards et au citron confit

Pour 4 personnes

300 g de jeunes épinards

1/2 citron confit

1 gousse d'ail

25 cl de lait écrémé

2 œufs + 2 jaunes

2 cuill. à soupe d'huile d'olive

1/2 cuill. à café de cumin moulu

1/2 cuill. à café de paprika

Huile d'olive ou beurre pour les moules

Sel et poivre du moulin

Pour compléter cet accord classique de la cuisine marocaine décliné en flan, ajoutez à la préparation quelques olives violettes dénoyautées et hachées.

• Coupez le demi-citron en quartiers, retirez toute la pulpe à l'aide d'une cuillère et rincez bien l'écorce. Hachez-la finement au couteau. Triez les épinards et retirez éventuellement les grosses nervures. Lavez-les plusieurs fois, puis égouttez-les bien. Épluchez la gousse d'ail.

• Faites revenir l'ail avec l'huile d'olive dans une sauteuse placée à feu moyen, pendant 1 minute. Ajoutez les épinards et le citron confit, saupoudrez de cumin et de paprika, puis faites cuire 3 à 4 minutes en remuant souvent pour que les feuilles s'affaissent. Transvasez le contenu de la sauteuse dans une passoire, laissez refroidir et pressez fortement à l'aide d'une fourchette afin d'éliminer le maximum d'eau. Retirez la gousse d'ail, puis hachez les épinards au couteau.

• Préchauffez votre four à 140 °C (th. 4/5).

• Cassez les œufs entiers dans une jatte, battez-les avec les jaunes, puis délayez en versant progressivement le lait sans cesser de remuer. Quand l'ensemble est homogène, ajoutez les épinards, salez, poivrez et mélangez bien.

• Beurrez ou huilez des ramequins individuels et répartissez-y la préparation sans les remplir complètement. Placez-les dans un plat à four profond et versez de l'eau chaude à mi-hauteur des parois pour en faire un bain-marie et enfournez environ 30 à 40 minutes, jusqu'à ce que la pointe d'un petit couteau piquée au cœur d'un flan en ressorte sèche. Laissez reposer quelques instants avant de démouler. Servez chaud.

Flan d'aubergines à la coriandre

Pour 4 personnes

1 kg d'aubergines

15 cl de crème liquide

2 œufs + 3 jaunes

1 ou 2 cuill. à soupe de concentré de tomate

2 ou 3 cuill. à soupe de feuilles de coriandre ciselées

1/2 cuill. à café de cumin moulu

1/2 cuill. à café de coriandre moulue

Huile d'olive

Sel et poivre du moulin

Servez avec de l'agneau grillé ou en moules individuels en entrée. Accompagnez alors d'un bol de yaourt nature brassé légèrement salé, agrémenté de menthe et de coriandre ciselées et d'un peu d'ail.

- Préchauffez le four à 180 °C (th. 6).

- Coupez les aubergines en deux dans la longueur et posez-les sur une plaque. Badigeonnez la chair d'huile d'olive à l'aide d'un pinceau. Enfournez 40 à 45 minutes, en couvrant avec une feuille d'aluminium si la surface colore trop rapidement. Sortez la plaque du four et laissez tiédir.

- Baissez la température du four à 150 °C (th. 5). Enduisez d'huile d'olive un moule rond assez profond.

- Prélevez la chair des aubergines à l'aide d'une cuillère. Réduisez-la en purée : déposez-la dans le bol d'un mixeur ou écrasez-la à l'aide d'une fourchette.

- Dans un grand bol, battez les œufs entiers avec les jaunes, le concentré de tomate et les épices, puis versez lentement la crème sans cesser de fouetter. Ajoutez la purée d'aubergines et la coriandre ciselée. Salez, poivrez et remuez pour que le mélange soit parfaitement homogène.

- Versez la préparation dans le moule sans le remplir complètement. Placez-le dans un bain-marie et enfournez environ 50 minutes, jusqu'à ce que le flan soit pris. Laissez reposer un peu avant de démouler, puis laissez refroidir et mettez au réfrigérateur jusqu'au moment de servir.

Flan de courgettes au pesto de pignons

Pour 4 personnes

500 g de petites courgettes

25 cl de crème liquide

2 œufs + 2 jaunes

3 cuill. à soupe de pignons

2 cuill. à soupe de feuilles de basilic

3 cuill. à soupe d'huile d'olive

Beurre ou huile d'olive pour le moule

Sel et poivre du moulin

Choisissez de jeunes courgettes bien fermes. Si elles sont un peu grosses, coupez-les d'abord en quatre dans la longueur et retirez la partie centrale pour ne conserver que la chair extérieure avec la peau.

• Faites légèrement dorer les pignons à sec dans une poêle antiadhésive. Mixez-en le tiers au robot électrique avec le basilic et 2 cuillerées à soupe d'huile d'olive pour obtenir une pâte épaisse. Réservez le reste.

• Lavez et essuyez les courgettes. Coupez les extrémités, puis taillez-les en petits dés. Faites-les revenir 5 minutes à feu moyen avec le reste de l'huile d'olive en remuant souvent, jusqu'à ce qu'elles soient juste tendres mais encore fermes. Transvasez dans une passoire et laissez bien égoutter.

• Préchauffez le four à 150 °C (th. 5). Beurrez largement un petit moule à cake ou enduisez-le d'huile d'olive.

• Battez les œufs entiers avec les jaunes et le pesto de pignons, puis versez progressivement la crème en continuant de fouetter, jusqu'à l'obtention d'une consistance onctueuse. Ajoutez les courgettes et les pignons entiers, salez, poivrez et mélangez délicatement.

• Versez la préparation dans le moule sans le remplir complètement. Placez-le dans un plat à four profond et versez de l'eau chaude à mi-hauteur des parois pour faire un bain-marie. Enfournez 45 à 55 minutes, jusqu'à ce que le flan soit pris. Couvrez avec une feuille d'aluminium dès que la surface commence à dorer.

• Sortez du four et laissez tiédir un peu avant de démouler.

Flans de polenta au chorizo

Pour 4 personnes

50 g de polenta

80 g de chorizo

50 cl d'eau

10 cl de crème liquide

1 œuf + 3 jaunes

50 g de parmesan fraîchement râpé

Beurre pour les moules

Sel et poivre du moulin

La polenta fait aussi d'excellents desserts. Remplacez l'eau par du lait, le chorizo par des dés de fruits secs et sucrez légèrement le mélange.

• Retirez la peau du chorizo et hachez-le finement au couteau. Cassez l'œuf dans un bol et battez-le avec les jaunes, la crème, un peu de sel et de poivre. Réservez.

• Versez l'eau dans une casserole, salez légèrement et amenez à ébullition. Jetez la polenta dans le liquide bouillant en remuant vivement. Retirez aussitôt du feu, remuez encore quelques instants, puis versez dans un bol et laissez tiédir.

• Préchauffez le four à 150 °C (th. 5) et beurrez des ramequins individuels.

• Incorporez successivement les œufs battus, puis le parmesan à la polenta en remuant vivement avec une spatule en bois. Ajoutez le chorizo et mélangez bien. Goûtez et rectifiez l'assaisonnement.

• Versez cette préparation dans les moules sans les remplir complètement. Placez-les dans un bain-marie et enfournez environ 20 à 30 minutes, jusqu'à ce que la consistance soit ferme. 10 minutes après le début de la cuisson, couvrez avec une feuille d'aluminium.

• Sortez du four et laissez tiédir un peu avant de démouler ou servez directement dans les ramequins.

Flan de tofu aux petits légumes

Pour 4 personnes

400 g de tofu soyeux

4 petites carottes

2 petites courgettes

1 oignon

2 gousses d'ail

3 œufs + 2 jaunes

1 ou 2 pincées de noix de muscade râpée

2 cuill. à soupe d'huile de tournesol

Beurre pour le moule

Sel et poivre du moulin

D'origine japonaise, le tofu soyeux, moins pressé, est plus souple que le tofu classique de la cuisine asiatique. Il remplace parfaitement le lait dans les flans salés et sucrés. On le trouve au rayon frais des épiceries bio ou asiatiques.

• Épluchez et hachez finement l'oignon et l'ail. Pelez les carottes et retirez les extrémités des courgettes. Râpez-les ou taillez-les en très petits dés.

• Placez tous les légumes dans une poêle avec l'huile et faites-les cuire à feu modéré, jusqu'à ce qu'ils soient tendres et aient rendu toute leur eau de végétation. Transvasez-les dans une passoire pour bien les égoutter.

• Préchauffez le four à 150 °C (th. 5). Beurrez un moule à cake ou à manqué.

• Battez vivement le tofu dans un grand bol pour le rendre lisse et onctueux. Sans cesser de fouetter, incorporez les œufs entiers un à un, puis les jaunes. Ajoutez les légumes, salez, poivrez, saupoudrez d'un peu de noix de muscade et mélangez bien.

• Versez la préparation dans le moule sans le remplir complètement. Placez-le dans un plat à four profond et versez de l'eau chaude à mi-hauteur des parois pour faire un bain-marie. Enfournez 45 à 55 minutes, jusqu'à ce que le flan soit ferme.

• Sortez du four et laissez tiédir un peu avant de démouler.

Flans thaïs aux oignons nouveaux et au gingembre

Pour 4 personnes

6 petits oignons nouveaux

1 noisette de gingembre frais

2 œufs + 2 jaunes

1 cuill. à soupe de sauce soja

25 cl de bouillon de légumes ou de volaille

1 cuill. à soupe de feuilles de coriandre ciselées

4 pincées de poivre blanc moulu

Directement incorporés à la préparation, les petits oignons cuisent peu ; vous pouvez les faire fondre préalablement quelques minutes à feu doux avec 1 cuillerée d'huile au goût neutre.

• Pelez et hachez très finement les petits oignons et le gingembre.

• Dans un bol, battez les œufs entiers et les jaunes avec la sauce soja, puis incorporez lentement le bouillon sans cesser de fouetter. Ajoutez les oignons et le gingembre, poivrez et mélangez bien.

• Préchauffez le four à 150 °C (th. 5).

• Versez la préparation dans des petits moules individuels en silicone sans les remplir complètement et placez-les dans un bain-marie. Enfournez 15 à 20 minutes, jusqu'à ce que les flans soient pris.

• Laissez tiédir un peu, puis démoulez. Servez-les parsemés de coriandre ciselée sur une salade de mesclun assaisonnée.

Flans au potimarron et à l'orange

Pour 4 personnes

300 g de chair de potimarron

10 cl de jus d'orange

15 cl de crème liquide

2 œufs + 3 jaunes

1 pincée de gingembre en poudre

Beurre pour les moules (facultatif)

Sel et poivre du moulin

En version dessert, remplacez sel et poivre par 2 ou 3 cuillerées à soupe de sucre en poudre et ajoutez quelques écorces d'oranges confites finement hachées.

• Coupez le potimarron en cubes et faites-les cuire une dizaine de minutes à l'eau bouillante légèrement salée ou à la vapeur pour qu'ils soient bien tendres. Égouttez-les, puis mixez-les en purée fine.

• Dans un grand bol, battez les œufs entiers avec les jaunes. Sans cesser de fouetter, versez progressivement la crème, puis le jus d'orange. Ajoutez la purée de potimarron, le gingembre, salez et poivrez, puis mélangez jusqu'à l'obtention d'une consistance parfaitement homogène.

• Préchauffez le four à 150 °C (th. 5). Beurrez des ramequins individuels ou préparez des moules en silicone.

• Répartissez le mélange dans les ramequins sans les remplir complètement. Placez-les dans un bain-marie et enfournez 30 à 40 minutes, jusqu'à ce que les flans soient pris.

• Sortez du four et laissez tiédir un peu avant de démouler ou servez directement dans les ramequins.

Petits flans vietnamiens aux crevettes

Pour 4 personnes

125 g d'échine de porc maigre très finement hachée

200 g de queues de crevettes décortiquées

1 gousse d'ail

2 oignons nouveaux

10 cl de crème de coco

2 œufs

1/4 cuill. à café de nuoc-mâm

1 cuill. à soupe de feuilles de coriandre ciselées

1 grosse pincée de sucre de palme ou de sucre brun

Huile pour les moules (facultatif)

Sel et poivre blanc

Servez sur une assiette de riz blanc en arrosant de sauce pour nems. Vous pouvez remplacer les crevettes par de la chair de crabe.

• Hachez la chair des crevettes au couteau. Émincez très finement les oignons et la gousse d'ail. Mélangez-les dans un bol avec le porc.

• Cassez les œufs dans un autre bol, puis fouettez-les avec la crème de coco, le sucre et le nuoc-mâm. Versez ce mélange sur le précédent, ajoutez la coriandre, salez et poivrez, puis remuez jusqu'à ce que l'ensemble soit parfaitement homogène.

• Préchauffez le four à 150 °C (th. 5). Huilez des petits ramequins ou préparez des moules en silicone.

• Versez la préparation dans les moules en tassant bien, sans les remplir complètement. Placez-les dans un plat profond et remplissez d'eau chaude à mi-hauteur des parois pour faire un bain-marie. Enfournez 20 à 30 minutes, jusqu'à ce que les petits flans soient bien fermes. Laissez tiédir et démoulez.

Flans aux amandes et au thé vert Matcha

Pour 4 personnes

50 g d'amandes en poudre

1 cuill. à soupe de poudre de thé vert Matcha

30 cl de crème liquide

20 cl de lait

2 œufs + 4 jaunes

50 g de sucre en poudre

Beurre pour les moules (facultatif)

Pour une consistance parfaitement lisse, filtrez le lait infusé à travers une passoire avant de l'incorporer aux œufs. Ajoutez éventuellement 1 ou 2 gouttes d'extrait d'amande amère.

• Faites chauffer le lait et la crème dans une petite casserole. Aux premiers frémissements, retirez du feu, ajoutez les amandes, remuez bien et laissez refroidir.

• Dans un grand bol, battez les œufs entiers et les jaunes avec le sucre jusqu'à ce qu'ils commencent à blanchir. Ajoutez la poudre de thé vert puis, sans cesser de remuer, incorporez lentement le lait aux amandes.

• Préchauffez le four à 150 °C (th. 5). Beurrez des ramequins individuels ou préparez des moules en silicone.

• Versez la préparation dans les moules sans les remplir complètement. Placez-les dans un bain-marie et enfournez. Faites cuire 30 à 40 minutes, jusqu'à ce que les flans soient pris.

• Servez tiède ou froid.

Petits flans aux épices indiennes

Pour 4 personnes

20 cl de crème de coco

25 cl d'eau

4 œufs

75 g de sucre de palme ou de sucre brun

1 cuill. à café de garam masala

Beurre pour les moules (facultatif)

Le garam masala est un mélange d'épices originaire du Nord de l'Inde. À défaut, parfumez ces petits flans d'une pointe de cannelle, d'un peu de cardamome et de girofle. Ils seront très appréciés après un curry.

• Dans une petite casserole, chauffez doucement le sucre avec 15 cl d'eau en remuant jusqu'à ce qu'il soit fondu. Amenez ensuite à ébullition et faites cuire 3 à 4 minutes à petits frémissements pour obtenir un sirop léger. Laissez refroidir.

• Battez les œufs dans un grand bol puis, sans cesser de fouetter, incorporez successivement le sirop, la crème de coco, les épices et l'eau restante.

• Préchauffez le four à 150 °C (th. 5). Beurrez des petits ramequins ou préparez des moules en silicone.

• Versez la préparation dans les moules sans les remplir complètement. Placez-les dans un bain-marie et enfournez 25 à 30 minutes, jusqu'à ce que les flans soient pris.

• Sortez les flans du bain-marie, laissez refroidir, puis placez au réfrigérateur. Servez très frais.

Flan d'ananas à l'anis

Pour 4 personnes

400 g de chair d'ananas

4 œufs

2 cuill. à soupe de sucre en poudre blond

1 cuill. à café de graines d'anis

Pour le caramel

Quelques gouttes de jus de citron

120 g de sucre en poudre

1 cuill. à café de graines d'anis

Quelques gouttes d'un alcool anisé accentueront agréablement la saveur de ce flan.

• Préparez le caramel : mettez le sucre dans une petite casserole avec 1 cuillerée à café de graines d'anis et 3 cuillerées à soupe d'eau. Portez à ébullition sans remuer. Retirez du feu dès l'obtention d'un caramel doré et ajoutez quelques gouttes de jus de citron pour qu'il ne durcisse pas. Versez-le dans un moule rond profond et inclinez celui-ci dans tous les sens pour bien en napper le fond.

• Préchauffez le four à 160 °C (th. 5/6).

• Coupez l'ananas en cubes, mettez-les dans le bol d'un robot électrique avec le sucre blond et mixez le tout en purée épaisse. Ajoutez les œufs battus, le reste des graines d'anis et donnez encore quelques impulsions pour que le mélange soit parfaitement homogène.

• Versez la préparation dans le moule caramélisé sans le remplir complètement. Placez-le dans un bain-marie et enfournez environ 50 minutes, jusqu'à ce que le flan soit bien ferme. Laissez tiédir avant de démouler.

Flans de mangue à la vanille

Pour 4 personnes

1 mangue d'environ 400 g

Le jus de 1 citron vert

20 cl de crème liquide

2 œufs + 2 jaunes

40 g de sucre en poudre

1 gousse de vanille

Beurre pour les moules (facultatif)

Vous pouvez tailler en petits dés jusqu'à un tiers de la chair de mangue et les incorporer à la préparation sans les mixer.

• Fendez la gousse de vanille en deux et mettez-la dans une casserole avec 5 cl d'eau, le jus de citron vert et le sucre. Chauffez doucement en remuant jusqu'à ce que celui-ci soit complètement dissous, puis amenez à ébullition et faites cuire 2 ou 3 minutes. Retirez du feu, couvrez et laissez infuser jusqu'à complet refroidissement du sirop.

• Grattez l'intérieur de la gousse de vanille au-dessus de la préparation pour récupérer les graines, puis jetez l'écorce.

• Pelez la mangue, retirez le noyau et coupez la chair en dés. Mixez-les en purée fine avec le sirop vanillé.

• Cassez les œufs entiers dans un petit saladier et battez-les avec les jaunes et la crème. Ajoutez la purée de mangue et mélangez bien.

• Préchauffez le four à 150 °C (th. 5).

• Humectez légèrement ou beurrez les parois de petits moules et versez-y la préparation sans les remplir complètement.

• Placez les moules dans un plat à four, remplissez d'eau chaude à mi-hauteur des parois pour faire un bain-marie et enfournez 30 à 40 minutes, jusqu'à ce que les flans soient fermes sous la pression.

• Servez tiède ou froid.

Petits flans à la pistache et aux cerises

Pour 4 personnes

350 g de griottes

60 cl de crème liquide

2 œufs + 4 jaunes

80 g de sucre en poudre

80 g de pâte de pistache colorée

Beurre pour les moules

Avant de servir, parsemez la surface des petits flans de pistaches finement broyées.

- Lavez et essuyez délicatement les cerises. Dénoyautez-les et étalez-les quelques minutes sur une double épaisseur de papier absorbant pour bien les égoutter.
- Dans un grand bol, fouettez les œufs entiers et les jaunes avec le sucre jusqu'à ce qu'ils blanchissent. Ajoutez la pâte de pistache, puis travaillez vivement le mélange avec une spatule en bois pour qu'il soit parfaitement homogène. Versez progressivement la crème sans cesser de remuer.
- Préchauffez le four à 150 °C (th. 5) et beurrez des ramequins individuels.
- Versez-y la préparation sans les remplir complètement, puis répartissez les cerises en surface : elles s'enfonceront spontanément dans la crème.
- Placez les moules dans un bain-marie et enfournez 30 à 40 minutes, jusqu'à ce que la surface des flans soit ferme.
- Laissez tiédir un peu avant de servir directement dans les ramequins.

Flan aux poires et au gingembre confit

Pour 4 personnes

4 poires

35 cl de crème liquide

Le jus de 1/2 citron

5 œufs

80 g de sucre en poudre

40 g de gingembre confit

1 grosse pincée de gingembre en poudre

Beurre pour le moule

Si vous utilisez des poires au sirop, égouttez-les d'abord avec soin sur du papier absorbant. Diminuez alors de moitié la quantité de sucre.

• Pelez les poires, coupez-les en quatre en retirant le cœur et les pépins, puis taillez-les en lamelles épaisses. Arrosez-les aussitôt de jus de citron. Hachez le gingembre confit aussi finement que possible.

• Préchauffez le four à 160 °C (th. 5/6) et beurrez largement un moule assez profond.

• Cassez les œufs dans un bol et fouettez-les avec le sucre en poudre. Versez progressivement la crème sans cesser de fouetter, puis ajoutez le gingembre confit et en poudre. Mélangez bien.

• Versez un peu de crème dans le moule, étalez ensuite une couche de lamelles de poires, puis remplissez en alternant jusqu'à épuisement des ingrédients.

• Posez le moule dans un plat rempli d'eau chaude pour faire un bain-marie. Enfournez et faites cuire environ 50 minutes, jusqu'à ce que le flan soit bien ferme et la surface dorée. Couvrez avec une feuille d'aluminium en cours de cuisson si la coloration est trop rapide.

• Sortez du four, laissez tiédir et démoulez. Placez au moins 1 heure au réfrigérateur avant de servir, accompagné d'un coulis de fruits rouges.

Flan de chèvre frais au poivron

Pour 4 personnes

1 poivron rouge

200 g de fromage de chèvre frais

20 cl de crème liquide

2 œufs + 2 jaunes

1 cuill. à soupe de feuilles de thym frais

Huile d'olive pour le moule

Sel et poivre du moulin

Pour plus d'homogénéité, si vous choisissez de faire des flans individuels, coupez le poivron en petits dés et mélangez-les à la préparation.

• Préchauffez le gril du four. Coupez le poivron en quatre ou cinq larges bandes verticales, retirez le pédoncule, les graines et les cloisons intérieures. Étalez les lamelles de poivron sur une plaque recouverte de papier cuisson, côté peau vers le haut. Glissez-les dans le four à 15 ou 20 cm de la résistance et faites-les griller 12 à 15 minutes, jusqu'à ce que la peau soit noire et boursouflée. Laissez tiédir quelques instants pour pouvoir les manipuler et retirez la peau.

• Préchauffez le four à 160 °C (th. 5/6) et huilez légèrement un petit moule à cake.

• Mettez le fromage dans un grand bol et remuez-le un peu avec une spatule en bois pour le rendre onctueux. Incorporez progressivement les œufs entiers, les jaunes et la crème en fouettant, puis salez, poivrez et ajoutez le thym. Mélangez bien.

• Remplissez le moule en alternant la préparation et les lamelles de poivron. Placez-le dans un bain-marie, couvrez avec une feuille d'aluminium et enfournez environ 45 minutes, jusqu'à ce que la surface soit ferme. Laissez refroidir et démoulez.

Flans de brocoli au bacon et au curcuma

Pour 4 personnes

1 gros brocoli

6 tranches de bacon

25 cl de crème liquide

2 œufs + 4 jaunes

1 cuill. à café de curcuma

Beurre pour les moules (facultatif)

Sel et poivre du moulin

Vous pouvez laisser quelques tout petits bouquets de brocoli dans le flan. Sortez-en 1 ou 2 de l'eau bouillante un peu avant les autres, recoupez-les et répartissez-les dans les moules avant de verser la crème verte.

- Faites dorer les tranches de bacon quelques instants à sec dans une poêle anti-adhésive. Coupez-les en petits carrés et réservez.
- Supprimez la tige du brocoli et préparez-le en bouquets moyens. Plongez-les 5 à 6 minutes dans une casserole d'eau bouillante légèrement salée et additionnée de la moitié du curcuma. Égouttez-les, puis mixez-les en purée fine.
- Dans un grand bol, fouettez les œufs entiers avec les jaunes et la crème. Quand le mélange est bien homogène, salez et poivrez, ajoutez la purée de brocoli, le bacon et le reste de curcuma. Remuez bien.
- Préchauffez le four à 150 °C (th. 5). Beurrez des ramequins individuels ou préparez des moules en silicone.
- Versez le mélange dans les ramequins sans les remplir complètement. Placez-les dans un bain-marie et enfournez environ 30 à 40 minutes, jusqu'à ce que les flans soient pris.
- Laissez reposer quelques instants à la sortie du four et démoulez. Servez chaud.

Flans aux carottes, au potiron et au cumin

Pour 4 personnes

150 g de carottes

150 g de chair de potiron

25 cl de crème liquide

2 œufs + 2 jaunes

1 cuill. à café de cumin moulu

1 cuill. à café de graines de cumin

Beurre pour les moules (facultatif)

Sel et poivre du moulin

Si vous n'avez pas de cuit-vapeur, mettez simplement les légumes râpés dans une passoire placée sur une casserole d'eau bouillante et couvrez pour les faire cuire.

• Épluchez, lavez et essuyez les carottes. Coupez la chair de potiron en gros morceaux. Râpez-les ensemble, puis faites-les cuire 2 ou 3 minutes à la vapeur pour les attendrir.

• Dans un grand bol, fouettez les œufs entiers avec les jaunes et la crème. Quand le mélange est bien homogène, salez et poivrez, ajoutez le cumin moulu et les graines, puis les carottes et le potiron. Remuez bien.

• Préchauffez le four à 150 °C (th. 5). Beurrez des ramequins individuels ou préparez des moules en silicone.

• Versez le mélange dans les ramequins sans les remplir complètement. Placez-les dans un bain-marie et enfournez environ 30 à 40 minutes, jusqu'à ce que les flans soient pris.

• Sortez du four et laissez tiédir un peu avant de démouler ou servez directement dans les ramequins.

Flans aux champignons des bois et aux échalotes

Pour 4 personnes

300 g de champignons des bois

2 échalotes

25 cl de crème liquide

2 œufs + 3 jaunes

1 cuill. à soupe de feuilles de persil plat ciselées

1 cuill. à soupe d'huile de tournesol

Beurre pour les moules (facultatif)

Sel et poivre du moulin

Selon les circonstances, de simples champignons (Paris, girolles ou cèpes) se prêtent aussi bien à cette préparation.

• Nettoyez soigneusement les champignons sans les faire tremper, après leur avoir ôté la partie terreuse des pieds. Coupez les plus gros champignons en deux. Épluchez et hachez finement les échalotes.

• Mettez l'huile à chauffer à feu assez vif dans une grande poêle. Ajoutez les champignons et faites-les revenir en remuant souvent, jusqu'à ce que toute leur eau de végétation soit évaporée. Salez, poivrez, parsemez le persil ciselé et le hachis d'échalotes, et laissez encore 1 ou 2 minutes sur le feu sans cesser de remuer.

• Dans un grand bol, fouettez les œufs entiers avec les jaunes et la crème jusqu'à ce que le mélange soit bien homogène.

• Préchauffez le four à 150 °C (th. 5). Beurrez des ramequins individuels ou préparez des moules en silicone.

• Répartissez les champignons dans les moules, puis versez la crème aux œufs sans les remplir complètement. Placez les ramequins dans un bain-marie et enfournez 30 à 40 minutes, jusqu'à ce que les flans soient pris. Attendez quelques minutes avant de démouler.

Flans aux poireaux et au curry

Pour 4 personnes

2 blancs de poireaux

30 cl de crème liquide

2 œufs + 2 jaunes

20 g de beurre + un peu pour les moules (facultatif)

1/2 cuill. à café de curry en poudre

Sel et poivre du moulin

Vous pouvez remplacer les blancs de poireaux par de tout petits bouquets de chou-fleur cuits quelques minutes à la vapeur. Selon votre goût, augmentez légèrement la quantité de curry.

• Fendez les blancs de poireaux en deux dans la longueur, lavez-les avec soin, puis épongez-les et émincez-les finement.

• Dans une poêle, faites fondre les poireaux à feu doux une dizaine de minutes avec le beurre, jusqu'à ce qu'ils soient bien tendres et translucides. Retirez du feu et laissez tiédir.

• Préchauffez le four à 150 °C (th. 5). Beurrez des ramequins individuels ou préparez des moules en silicone.

• Dans un grand bol, fouettez les œufs entiers avec les jaunes, la crème et le curry. Salez, poivrez, puis ajoutez les poireaux et mélangez bien.

• Répartissez la préparation dans les ramequins sans les remplir complètement. Placez-les dans un bain-marie et enfournez 30 à 40 minutes, jusqu'à ce que les flans soient pris. Laissez tiédir quelques instants avant de démouler.

Flans aux endives caramélisées et aux noix

Pour 4 personnes

2 endives

25 cl de crème liquide

2 œufs + 2 jaunes

25 g de beurre + un peu pour les moules (facultatif)

3 cuill. à soupe de cerneaux de noix

4 cuill. à soupe de sucre en poudre blond

Sel et poivre du moulin

N'hésitez pas à mettre un peu d'eau en début de cuisson pour que les endives soient fondantes, mais laissez ensuite bien évaporer.

• Concassez sommairement les cerneaux de noix. Fendez les endives en deux dans la longueur et retirez le cône dur intérieur. Recoupez chaque moitié en lamelles.

• Faites fondre le beurre dans une poêle sans le laisser colorer. Étalez-y les endives, couvrez et faites fondre 10 à 15 minutes à feu doux en remuant de temps en temps et en ajoutant éventuellement 1 ou 2 cuillerées d'eau s'il n'y a pas assez de liquide. Quand les endives sont bien tendres, retirez le couvercle, saupoudrez uniformément le sucre et laissez caraméliser quelques instants à feu un peu plus vif. Parsemez les noix, mélangez, puis retirez du feu et laissez tiédir.

• Préchauffez le four à 160 °C (th. 5/6). Beurrez des ramequins individuels ou préparez des moules en silicone.

• Dans un grand bol, fouettez les œufs entiers avec les jaunes et la crème. Salez, poivrez, puis ajoutez les endives et mélangez.

• Versez la préparation dans les ramequins sans les remplir complètement. Placez-les dans un bain-marie et enfournez 30 à 40 minutes, jusqu'à ce que les flans soient fermes. Laissez tiédir quelques instants avant de démouler.

Flans à la tomate et à l'estragon

Pour 4 personnes

300 g de pulpe de tomate en dés

1 petite échalote

25 cl de crème liquide

2 œufs + 2 jaunes

1 cuill. à café de concentré de tomate

1 cuill. à soupe d'huile d'olive + un peu pour les moules

1 cuill. à soupe d'estragon ciselé

Sel et poivre du moulin

À défaut de tomates mûres et parfumées, préférez une boîte de conserve. Le résultat sera excellent !

• Épluchez et hachez finement l'échalote. Faites-la fondre à feu très doux dans une petite casserole avec l'huile d'olive, jusqu'à ce qu'elle soit translucide. Ajoutez les dés et le concentré de tomate, et faites mijoter une quinzaine de minutes à petits frémissements.

• Retirez du feu, laissez refroidir, puis mixez la préparation en purée très fine. Ajoutez l'estragon.

• Cassez les œufs entiers dans un bol et battez-les avec les jaunes. Incorporez lentement la crème en continuant de fouetter.

• Préchauffez le four à 150 °C (th. 5). Enduisez des ramequins individuels d'huile d'olive.

• Mélangez la purée de tomates et la crème aux œufs. Salez, poivrez et répartissez dans les moules sans les remplir complètement. Placez-les dans un bain-marie et enfournez 20 à 30 minutes, jusqu'à ce que les flans soient fermes. Servez chaud ou froid.

Flan aux pommes et aux céréales

Pour 4 personnes

2 pommes

40 cl de crème liquide

2 œufs + 4 jaunes

80 g de sucre en poudre

4 cuill. à soupe de céréales complètes (flocons d'avoine)

4 abricots secs moelleux

1 cuill. à soupe de miel

1/4 cuill. à café de cannelle moulue

Beurre pour le moule

Préparez ce flan dans un joli plat en terre, que vous pourrez servir directement pour éviter d'avoir à démouler.

- Coupez les abricots secs en petits dés à l'aide d'un couteau.
- Dans un grand bol, battez les œufs entiers avec les jaunes et le sucre jusqu'à ce qu'ils blanchissent. Versez progressivement la crème, puis le miel et la cannelle sans cesser de fouetter.
- Épluchez les pommes, retirez le cœur et les pépins, puis taillez-les en petits cubes. Incorporez-les au fur et à mesure à la crème aux œufs pour éviter qu'elles brunissent.
- Préchauffez le four à 150 °C (th. 5). Beurrez un petit moule à cake ou à manqué.
- Ajoutez les dés d'abricots et les céréales à la préparation, puis remuez jusqu'à ce que l'ensemble soit bien homogène. Versez dans le moule sans le remplir complètement. Placez-le dans un bain-marie et enfournez 40 à 50 minutes, jusqu'à ce que le flan soit pris.
- Sortez le moule du bain-marie et laissez refroidir complètement. Démoulez ou servez dans le plat de cuisson, comme un clafoutis.

Flans au citron

Pour 4 personnes

25 cl de jus de citron fraîchement pressé

25 cl de crème liquide

4 œufs

200 g de sucre en poudre

Beurre pour les moules

Meringués, ces petits flans feront un très beau dessert. Après leur cuisson, recouvrez la surface de blanc d'œuf battu en neige très ferme et légèrement sucré. Faites dorer 2 minutes sous le gril du four.

• Cassez les œufs dans un grand bol et fouettez-les avec le sucre en poudre jusqu'à ce que le mélange blanchisse et devienne mousseux. Sans cesser de fouetter, versez progressivement la crème, puis le jus de citron. Quand la préparation est bien homogène, laissez reposer une dizaine de minutes pour que la mousse en surface disparaisse.

• Préchauffez le four à 150 °C (th. 5) et beurrez des ramequins individuels.

• Versez la crème au citron dans les moules sans les remplir complètement. Placez-les dans un bain-marie et enfournez 25 à 30 minutes, jusqu'à ce que la surface soit bien ferme.

• Laissez tiédir et mettez au réfrigérateur. Servez bien frais.

Flan pâtissier au chocolat et aux noix

Pour 4 personnes

400 g de pâte brisée ou sablée

220 g de chocolat noir (à 70 % de cacao)

30 cl de lait

30 cl de crème liquide

6 jaunes d'œufs

12 cerneaux de noix

100 g de sucre en poudre

2 cuill. à soupe de Maïzena®

Beurre et farine pour le moule

Si vous faites la pâte vous-même, parfumez-la avec 2 cuillerées à soupe de cacao ou de noix en poudre.

- Préchauffez le four à 180 °C (th. 6). Beurrez et farinez un moule à tarte.
- Étalez la pâte au rouleau sur le plan de travail légèrement fariné, en lui donnant une épaisseur de 3 mm. Garnissez-en le moule, mettez au réfrigérateur et laissez reposer 30 minutes.
- Recouvrez le fond de tarte d'une feuille de papier sulfurisé, lestez avec des légumes secs, enfournez et faites cuire 15 minutes à blanc. Laissez refroidir, puis retirez le papier et les légumes.
- Cassez le chocolat en morceaux dans un grand bol et faites-le fondre au bain-marie. Remuez doucement pour obtenir une consistance bien lisse.
- Dans un autre bol, battez vivement les jaunes d'œufs avec le sucre et la Maïzena®. Sans cesser de fouetter, ajoutez peu à peu le chocolat fondu, puis la crème liquide et le lait.
- Versez la crème au chocolat sur le fond de tarte et lissez la surface. Disposez les cerneaux de noix en rosace et remettez à cuire environ 20 minutes : si la garniture ne semble pas tout à fait ferme, elle finira de prendre en refroidissant.
- Servez tiède ou froid.

Flan aux raisins et au rhum

Pour 4 personnes

120 g de raisins secs

60 cl de lait

30 cl de crème liquide

4 œufs + 2 jaunes

50 g de sucre en poudre blond

60 g de Maïzena®

10 cl de rhum brun

Beurre pour le moule

Si vous servez démoulé, nappez le fond du moule de caramel parfumé au rhum avant d'y verser la préparation.

• Mettez les raisins dans une petite casserole, versez-y les trois quarts du rhum et complétez avec juste assez d'eau pour les recouvrir. Amenez doucement à petite ébullition et laissez mijoter une dizaine de minutes à feu très doux pour les attendrir. Égouttez-les, puis séchez-les sur du papier absorbant.

• Battez les œufs entiers et les jaunes avec le sucre et la Maïzena®. Versez progressivement le lait et la crème sans cesser de fouetter, jusqu'à l'obtention d'une consistance lisse et onctueuse. Ajoutez le reste du rhum et mélangez bien.

• Préchauffez le four à 150 °C (th. 5). Beurrez un moule rond ou un joli plat à four.

• Répartissez les raisins dans le fond du moule, versez la crème aux œufs par-dessus et enfournez. Faites cuire 40 à 50 minutes, jusqu'à ce que le flan soit pris.

• Laissez refroidir et mettez au réfrigérateur.

Petits flans de riz au lait

Pour 4 personnes

100 g de riz rond

75 cl de lait

6 jaunes d'œufs

60 g de sucre en poudre

1 gousse de vanille

1 pincée de sel

Beurre pour les moules (facultatif)

Pour les amateurs, mélangez 50 g de chocolat noir râpé et 1 cuillerée à soupe de cacao au riz bouillant, puis laissez tiédir avant d'incorporer les œufs.

• Versez le riz dans une grande casserole d'eau bouillante et laissez-le cuire pendant 3 minutes. Faites bouillir le lait dans une autre casserole avec le sel et la gousse de vanille fendue en deux dans la longueur.

• Égouttez le riz, versez-le dans le lait bouillant et faites reprendre l'ébullition. Baissez ensuite le feu et laissez cuire 20 à 25 minutes à petits frémissements, jusqu'à ce que les grains s'écrasent facilement.

• Retirez la casserole du feu, laissez tiédir, puis grattez l'intérieur de la gousse de vanille au-dessus du riz pour y faire tomber les graines. Jetez l'écorce.

• Préchauffez le four à 150 °C (th. 5). Beurrez des ramequins individuels ou préparez des moules en silicone.

• Fouettez les jaunes d'œufs avec le sucre en poudre, puis mélangez-les au riz. Répartissez la préparation dans les moules sans les remplir complètement. Placez-les dans un bain-marie et enfournez 25 à 30 minutes, jusqu'à ce que les flans soient fermes.

• Laissez tiédir avant de démouler et mettez au réfrigérateur. Servez très frais avec un coulis de fruits.

Flan aux marrons

Pour 4 personnes

500 g de crème de marrons

30 cl de crème liquide

2 œufs + 4 jaunes

1 gousse de vanille

Beurre pour le moule

Pour une grande occasion, incorporez quelques brisures de marrons glacés à la préparation. En portions individuelles, diminuez le temps de cuisson de 15 à 20 minutes selon la taille des moules.

- Chauffez doucement la crème liquide dans une petite casserole avec la gousse de vanille fendue en deux dans la longueur. Aux premiers frémissements, retirez du feu, couvrez et laissez infuser jusqu'à refroidissement.
- Grattez l'intérieur de la gousse au-dessus de la casserole pour récupérer les graines et jetez l'écorce.
- Préchauffez le four à 150 °C (th. 5). Beurrez un moule rond.
- Dans un grand bol, battez les œufs entiers avec les jaunes. En continuant de fouetter, versez lentement la crème vanillée refroidie, puis ajoutez la crème de marrons. Mélangez bien.
- Versez la préparation dans le moule sans le remplir complètement. Placez-le dans un bain-marie et enfournez. Faites cuire environ 50 minutes, jusqu'à ce qu'une lame fine piquée dans le flan ressorte pratiquement sèche.
- Laissez tiédir, puis démoulez et mettez au réfrigérateur. Servez très frais avec une jatte de chantilly ou de sauce au chocolat.

Petits flans tout-coco

Pour 4 personnes

30 cl de lait de coco

10 cl de lait concentré non sucré

2 œufs + 3 jaunes

2 cuill. à soupe de sucre en poudre

2 cuill. à soupe de noix de coco râpée

1 gousse de vanille

Beurre pour les moules (facultatif)

Accompagnez tout naturellement d'une salade de fruits exotiques présentée dans des verrines et de biscuits à la noix de coco.

• Versez le lait concentré et le lait de coco dans une casserole avec la gousse de vanille fendue en deux dans la longueur. Amenez à la limite de l'ébullition, puis retirez du feu. Couvrez et laissez infuser une quinzaine de minutes.

• Faites très légèrement blondir la noix de coco râpée, à sec, dans une poêle anti-adhésive. Réservez-la.

• Grattez l'intérieur de la gousse au-dessus de la casserole pour y faire tomber les graines. Jetez l'écorce. Réchauffez le lait.

• Fouettez vivement les œufs entiers et les jaunes avec le sucre jusqu'à ce qu'ils blanchissent. Sans cesser de remuer, incorporez doucement le contenu de la casserole. Laissez reposer 10 minutes, puis retirez délicatement la mousse en surface à l'aide d'une écumoire.

• Préchauffez le four à 150 °C (th. 5). Beurrez des ramequins individuels ou préparez des moules en silicone.

• Versez la préparation dans les ramequins sans les remplir complètement. Placez-les dans un bain-marie et enfournez 20 à 30 minutes, jusqu'à ce que les flans soient pris.

• Laissez tiédir avant de démouler et mettez au réfrigérateur. Servez très frais en parsemant de noix de coco râpée.

LES PETITS + GOURMANDS

Les recettes de ce livre sont données pour 4 portions moyennes, mais la diversité de taille des moules est telle que, dans bien des cas, elles peuvent convenir pour 6.

Des œufs et de la crème

• Les œufs assurent la prise du flan, la crème (ou un autre liquide) leur donne leur onctuosité. Leur réussite tient au bon équilibre des proportions de chacun. Pour assurer une homogénéité parfaite, ajoutez 1 cuillerée à café de farine ou de Maïzena® par œuf contenu dans la préparation.

• Laissez toujours tiédir la garniture avant de l'incorporer au mélange crème-œufs.

Une cuisson douce

• La cuisson d'un flan est le second facteur de sa réussite. Elle doit être menée à température assez faible (de 120 à 160 °C, th. 4 à 6) pour obtenir une consistance bien lisse.

• Ne remplissez pas complètement les moules, car la préparation a tendance à gonfler pendant la cuisson.

• La cuisson à la vapeur, douce et constante, est idéale. Adoptez-la si vous êtes équipé d'un cuit-vapeur de taille adaptée aux moules ou d'un four vapeur. Diminuez alors de 5 à 10 minutes le temps de cuisson conseillé dans les recettes.

• Si vous préférez la cuisson au four, le bain-marie assure une bonne répartition de la chaleur. Placez le moule dans la lèchefrite du four ou dans un plat profond et versez de l'eau chaude à mi-hauteur des parois.

• Pour éviter que des gouttes d'eau de condensation ne retombent à la surface du flan – particulièrement dans le cas d'une cuisson à la vapeur – couvrez le moule avec une feuille d'aluminium posée sur les bords, en prenant garde de ne pas la mettre en contact avec la préparation.

• Vérifiez toujours la cuisson. Quand la préparation est prise, la surface du flan doit être souple mais ferme sous la pression. N'hésitez pas à prolonger le temps de cuisson si cela se révèle nécessaire.

Du four à la table

• Vous pouvez faire des flans dans pratiquement tous les moules ou ramequins dont vous disposez. Un seul impératif : qu'ils supportent la chaleur.

• Choisissez-les assez jolis pour aller sur la table et servez les flans directement dans leur plat de cuisson, comme les clafoutis dont ils se rapprochent.

• Si vous préférez démouler, optez de préférence pour des moules en silicone. Passez-les sous l'eau froide, puis égouttez-les en les retournant avant d'y verser la préparation.

• Ne démoulez jamais à la sortie du four, car la préparation n'a pas fini de prendre, notamment s'il s'agit d'un flan que vous devez couper en tranches. Laissez toujours reposer avant.

• Pour démouler un flan cuit dans un moule rigide classique, préparez bien celui-ci avant la cuisson :

– Graissez l'intérieur avec un pinceau trempé dans l'huile ou dans du beurre fondu.

– Découpez un papier sulfurisé aux dimensions du moule et posez-le dans le fond.

– Ou tapissez tout le moule avec du film alimentaire supportant la cuisson.

– Glissez d'abord un couteau fin à l'intérieur du moule pour décoller le flan des parois. Posez un plat sur le moule, maintenez-le avec la main et retournez l'ensemble.

– Retirez ensuite le papier avec lequel vous avez tapissé le fond ou les parois.

• Faites vos flans à l'avance. Ils se conservent au moins 24 h au réfrigérateur :

– dans leur moule, couvert d'un film alimentaire ou d'une feuille de papier aluminium ;

– dans un récipient parfaitement hermétique s'ils sont déjà démoulés ;

– réchauffez à four doux (120°C, th. 4) si nécessaire.

Index des recettes

Dans la collection

NOUVELLES VARIATIONS GOURMANDES

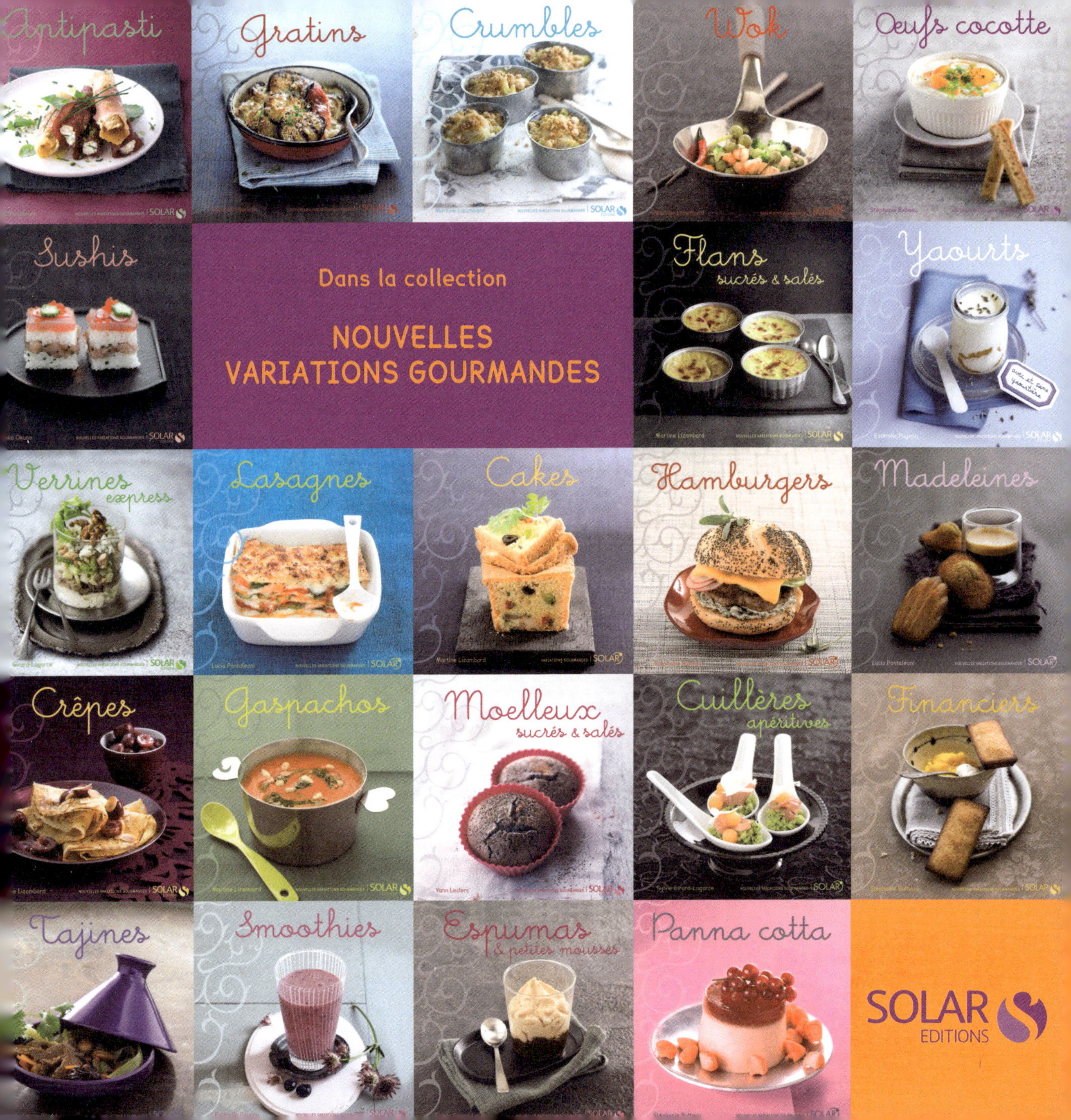